Juan Arias

Uma carta para Deus
(de um menino curioso)

Tradução
Roseana Murray

Ilustrações
Helena Alexandrino

Dados Internacionais de Catalogação na Publicação (CIP)
(Câmara Brasileira do Livro, SP, Brasil)

Arias, Juan
   Uma carta para Deus : (de um menino curioso) / Juan Arias ; ilustrações Helena Alexandrino. – 4. ed. – São Paulo : Paulinas, 2013. – (Coleção sabor amizade)

   Título original: Una carta para Dios (de un niño curioso).
   ISBN 978-85-356-3429-7

   1. Literatura infanto-juvenil   I. Alexandrino, Helena.   II. Título.   III. Série.

13-00849   CDD-028.5

Índices para catálogo sistemático:
   1. Literatura infantil   028.5
   2. Literatura infantojuvenil 028.5

Revisado conforme a nova ortografia.

4ª edição – 2013
4ª reimpressão – 2022

Direção-geral: *Flávia Reginatto*
Editora responsável: *Maria Alexandre de Oliveira*
Assistente de edição: *Rosane Aparecida da Silva*
Tradução: *Roseana Murray*
Copidesque: *Mônica Elaine G. S. da Costa*
Revisão: *Ruth Mitzuie Kluska*
          Ana Cecilia Mari
          Leonilda Menossi
Direção de arte: *Irma Cipriani*
Gerente de produção: *Felício Calegaro Neto*
Capa, projeto gráfico e ilustrações: *Helena Alexandrino*
Editoração: *Manuel Rebelato Miramontes*

Nenhuma parte desta obra poderá ser reproduzida ou transmitida por qualquer forma e/ou quaisquer meios (eletrônico ou mecânico, incluindo fotocópia e gravação) ou arquivada em qualquer sistema ou banco de dados sem permissão escrita da Editora. Direitos reservados.

Paulinas

Rua Dona Inácia Uchoa, 62
04110-020 – São Paulo – SP (Brasil)
Tel.: (11) 2125-3500
http://www.paulinas.com.br – editora@paulinas.com.br
Telemarketing e SAC: 0800-7010081

© Pia Sociedade Filhas de São Paulo – São Paulo, 2008

Para todas as crianças que perguntam.

Onde está você?

Querido Deus

Em casa dizem que sou um menino curioso. E sou mesmo! Por isso, gostaria de saber onde é que você se encontra. Todos dizem "Deus te abençoe!". Mas onde é que você se esconde?

Pergunto aos adultos e me dizem que você está no céu. É muito longe para mim! Se a lua já me parece distante, imagina o céu que, no mínimo, deve estar atrás das estrelas. Outros me dizem que devo buscar dentro de mim. Mas isso não é perto demais? Em algum lugar você tem que estar. A quem devo perguntar?

   Ontem conversei com meu cachorro Pinga-Fogo. Ele me olhou de um jeito esquisito, com seus olhos doces, e começou a procurar no meio da rua seguindo seu olfato, mas pode ser que o que ele buscasse mesmo fosse o rastro de uma fêmea. Interroguei minha gata também.
   – Luna, onde está Deus?
   Ela me olhou com os olhos mais curiosos ainda do que os meus e os seus bigodes se arrepiaram. Deu um salto, fez uma pirueta e pulou em cima da televisão.

– Não, Luna! Aí não pode ser! Onde já se viu Deus na televisão?

Até perguntei para minha tartaruga Belinha, que passeava sem pressa nenhuma pela grama do jardim, em busca de cogumelos. Ela estranhou a pergunta. Estendeu sua cabecinha de jabuti salpicada de vermelho, buscou com os olhos por aqui e por ali, depois me olhou e continuou caminhando lentamente sem responder, buscando mais cogumelos.

Será que nem as tartarugas, que são tão antigas quanto o mundo, sabem onde é que você se esconde?

Continuarei indagando — pois sou um menino curioso —, mas não aos homens, porque com certeza eles não sabem. Vou perguntar às formigas, aos peixes do mar, às águias que voam tão alto, aos burrinhos. Por falar em burrinhos, agora lembro que me contaram que Jesus (ele, sim, devia saber onde você se esconde!) foi montado em cima de um burro e o levaram pelas ruas de Jerusalém para fazer-lhe uma festa. Será que ele contou ao seu burro, bem baixinho, em sua orelha, o segredo do seu esconderijo?

Como você é?

　　Gostaria também de saber como você é. Ninguém consegue me dizer, nem em casa, nem no colégio. Na Igreja dizem que você é como um velho de barbas brancas. Será que então você se parece com meu avô José? Eu não me importo se você for bem velho, é natural, já que tem muitos milhões de anos. Tanto como as estrelas, ou você nasceu antes delas?

Mas a verdade é que eu gostaria que você fosse criança como eu para a gente poder brincar junto. Você sabe jogar futebol? Se você soubesse, eu gostaria que você fosse o goleiro e eu, atacante, para fazer um gol. Seria ótimo fazer um gol contra Deus. Você não iria ficar chateado, não é? Os homens se chateiam quando perdem, pois querem ganhar sempre. Mas você não pode se aborrecer, porque, se você não soubesse perder, que Deus seria? Puxa, como seria bom fazer um gol contra Deus! Tenho certeza de que você me deixaria ganhar nem que fosse só para me ver feliz...

Perguntas indiscretas

Se um dia a gente se encontrar, tenho muitas perguntas que gostaria de fazer. Muitas! Por exemplo, é muito grave a gente falar o que pensa? Porque é uma confusão! Todos me dizem que não devo mentir porque mentir é muito feio, criança não deve mentir. Mas se fosse adulto eu poderia? E também me dizem que não posso falar tudo o que penso. Então, tenho que mentir? O que é que você acha? Você já mentiu para os homens? Acho que sim... por exemplo, quando você disse que a terra e os mares e os bosques e os rios tinham que ser de todos. Você não sabia que isso seria impossível?

É muito grave a gente dizer o que pensa? Por exemplo, quando digo que os animais têm mais coração que os homens. É verdade, juro! Ou que nós, crianças, sabemos muito mais do que os adultos imaginam. É verdade! Eu soube, por exemplo, antes do que minha mãe, que meu pai não gostava mais dela, muito antes deles se separarem. Eu sei por que às vezes a professora chega à sala de aula triste e séria. Sei quando ela chorou. E ela nem imagina que eu sei.

Os adultos são bem estranhos. Quando pergunto alguma coisa interessante, me dizem que sou muito pequeno para saber; e quando faço alguma besteira, reclamam que já sou muito grande para fazer bobagens.

Bom, agora vou contar um segredo: acho que nós, crianças, sabemos melhor que os adultos onde é que você se esconde, mas ninguém acreditaria se a gente dissesse.

O que você faz?

O que eu não sabia era o que você fazia CONCRETAMENTE. Mas, outro dia, uma borboleta de asas azuis me explicou direitinho. Ela estava pousada sobre uma flor de hibisco, sugando o néctar, quando me disse que você, Deus, é um grande artista. Que é você quem pinta com essas cores únicas as asas de seda de todas as borboletas do mundo e as pétalas de todas as flores. Que é você quem põe partituras de música na garganta de todos os pássaros da terra e enche de leite os seios de todas as mães, até das mães dos bezerros, dos cabritos e das baleias.

Disse também que é você que, com um sopro, enche as sementes de vida para que se multipliquem e não exista mais fome sobre a Terra, mas eu sei que isso não é verdade, pois ainda existem muitas crianças com fome em nosso planeta. Me explicou, ainda, que é você quem enche de sumo o ventre de todas as frutas e que põe em ordem os milhares de estrelas e astros do firmamento, para que não se choquem. E também cria os alfabetos para que a gente possa se entender.

Ah, me disse a borboleta que você é capaz de criar coisas que não se tocam com as mãos nem se veem com os olhos, mas que se sente como uma música no coração, como, por exemplo, a amizade, a paz e o amor e também o vento e os pensamentos, e todas as fantasias das crianças e a graça dos palhaços.

Mas você já sabe que sou um menino curioso e não entendo uma coisa: se você criou tanta beleza e harmonia, por que o homem suja suas obras de arte? Se você concede a felicidade até dos golfinhos do mar, quando brincam entre as ondas, quem inventou a dor? Se você é quem sopra a vida, quem criou a morte? Se você criou a amizade, por que os homens inventaram as guerras? Se você fez o pólen que fecunda as plantas, por que os homens fabricaram as armas?

Não adianta me pedir para perguntar aos adultos, porque eles não sabem me responder, ou então eles sabem mas têm vergonha...

Um beijo do seu amigo,

O menino curioso.

P.S. Meu nome é um segredo, ou você pensa, Deus, que só você pode ter segredos?